Das Leben ist bunt

Das Leben ist bunt

Gedichte

von **Barbara G. Corsten**

Bibliografische Information der Deutschen Nationalbibliothek:
Die Deutsche Nationalbibliothek verzeichnet
diese Publikation in der Deutschen Nationalbibliografie;
detaillierte bibliografische Daten sind im Internet über
http://dnb.d-nb.de abrufbar.

Satz, Umschlagdesign, Herstellung und Verlag:
Books on Demand GmbH, Norderstedt
ISBN: 978-3-8370-3987-0

Inhaltsverzeichnis

Am Tagesbeginn   S. 9
    Sonnenaufgang

Jahreszeiten   S. 11
    Blütentraum
    Sommerrausch
    Sommernacht
    Es weben
    Windstoß
    Novembernebel
    Von Wärme besiegt

Wasserspiele   S. 19
    Über den Wolken
    Der Wassertropfen
    Unter meinem Regenschirm
    Ohne Grenzen

Lebenszeiten   S. 25
    Die Eizelle
    Kinderwelt
    Jugendzeit
    Halbzeit
    Kostbares Geschick
    Die letzten Lieder
    Ein Mensch

Zeit der Liebe S. 33
    Einen Zeitsprung
    Komm' näher
    Andere Himmel
    Auf einmal
    Du und ich
    Ein Kuss
    Irgendetwas
    Über
    Begehren
    Hautnah
    Zwei

Zeit im Krieg S. 45
    New York, New York
    Ground Zero
    Stolpersteine

Abschied S. 49
    Wegen dem Leben
    Im Trauerkleid
    Vergänglichkeit
    Für immer
    Endlichkeit

Augenblicke und mehr S. 55
    Du, meine Zeit
    Augenblicke
    Tagein, tagaus
    Im Jetzt

Farben   S. 61

    In mir

    Leere

    Ohne Heimat

    Einsamkeit

    Loslassen

    Hoffnung

    Etwas

    Ein Augenblick

    Ein Schritt

    Leben beschwingt

    Freudentänze

    Heimat

Zum Tagesende   S. 75

    Abendfrieden

Am Tagesbeginn

Sonnenaufgang

Aus den Tiefen der Nacht
steigt auf eine Glut,
entflammt neue Wünsche,
Hoffnung und Mut.

Der Tag singt ein Lied
von Glück wie im Traum,
er öffnet dem Herzen
Gedanken und Raum.

Jahreszeiten

Blütentraum

Schwelgen in Farben,
baden in Düften,
tauchen die Augen
in göttliches Gut.

Du Fest meiner Sinne,
du Labsal des Herzens,
ertränkst mich im Meer
deiner farbigen Flut.

Sommerrausch

Die Ähren stehen stolz und wiegen
sich sanft im Sommerwind,
Kinder lassen Drachen fliegen,
sehet nur, wie bunt sie sind.

Die Sonne wärmet Wald und Feld,
tief dringt sie ein in alle Herzen,
Leichtigkeit nun Einzug hält,
es ist zum Tanzen, Singen, Scherzen.

Sommerrausch ist wie ein Kuss,
wie süße, zarte Liebe,
Leben ganz im Hochgenuss,
ach …, wenn's doch ewig bliebe.

Sommernacht

So zärtlich deine Wärme,
du streichelst meine Haut,
schenkst eine Hand voll Leben,
machst meine Sehnsucht laut.

Umhüllst mich sanft wie Seide,
nichts sehn' ich mehr herbei,
in Fülle dich genießen,
es stille Freundschaft sei.

Es weben …

die Spinnen
wieder
ihre Netze,
fangen
die letzte
Sommersonnenwärme
ein.

Blätter
taumeln vergoldet,
sterben
und stürzen,
schon bald
wird
Bitterkalteeiszeit
sein.

Ich friere.

Windstoß

Aus scheinbarem Nichts
unmerklich geboren,
mal auf und mal ab,
mal tobend,
mal leis'.

Mal kommen, mal gehen,
mal schwach oder mächtig,
mal zärtlich, mal scharf,
mal Wärme,
mal Eis.

Novembernebel

Trübe verschleiert
bist du, mein Land,
sachte verzaubert
aus Feenhand,
leise verwandelt
zur Geisterwelt,
nichts mehr erwärmt,
nichts mehr erhellt.

Himmel, sie fallen
zur Erde vereint,
Land ohne Formen
verwirrend es scheint,
jetzt mal ganz nah,
dann mal ganz weit,
gänzlich verhüllt
im nebligen Kleid.

Von Wärme besiegt

Mit starker Hand
greift der Winter das Land,
mit eisiger Stimme
eilt er voraus,
was gestern noch lachte,
noch Seeligkeit fand,
begräbt seine Macht
im schneeweißen Haus.

Doch, auch sein Atem
bleibt irgendwann stehn',
erstarrt seinen Sinn
und sein Spiel,
entkräftet,
entthront,
in die Flucht geschlagen,
von Wärme besiegt
muss er gehn'.

Wasserspiele

Über den Wolken

Über den Wolken
berauschend das Licht,
ich kann es nicht fassen,
ich kannte es nicht.

Über den Wolken
die Sorgen so klein,
in mir ist Staunen,
die Angst nicht mehr mein.

Über den Wolken
ist Leben wie Traum,
dass es so schwer ist,
man glaube es kaum.

Über den Wolken
der Himmel so weit,
ist Schöpfung der Erde
endlose Zeit.

Der Wassertropfen

Klein
und rund
und manchmal bunt,
mal oval
und manchmal Faden,
manchmal Pfütze
oder Meer.

Unter meinem Regenschirm

Es klopft,
es tropft
ein Tröpfchen,
ein Tropf
leise
und laut
über dem Kopf.

Über dem Kopf
laut
und leise
tropft
und klopft
ein Lied
auf seine Weise.

Ohne Grenzen

Wellen tanzen sanft heran,
heut' sind sie zahm und morgen wild,
in der Luft viel Salz und Würze,
Gicht und Schaum und Windgetöse,
Algen, Tang und Muschelspiel,
Sonnenstrahl und Möwenschrei,
keine Enge,

keine Grenzen,

alles, alles

frei.

Lebenszeiten

Die Eizelle …

lockt
den Samen
ins Haus,
um
zu verschmelzen
und Glück
zu gebären.

Kinderwelt

Alles verzaubert
von Märchen und Feen,
du kannst die Welt
so anders nur sehn',
die Füße so klein
kannst langsam du gehn',
aber nicht ganz
alleine drauf' stehn',
die Augen so groß,
die Seele so rein,
wird auch die deine
traurig mal sein,
wird auch die deine
verlassen den Traum,
um zu erwachsen
zum standfesten Baum.

Jugendzeit

Flippig,
hippig,
spritzend,
glühend,
endlos verrückt
und
überschäumend.

Feuerwerk des Lebens,
Jugendzeit.

Halbzeit

Im Blick nach zurück,
im Blick nach voraus,
seh' ich die Zeit,
das Bald und das Aus,
seh' ich ihre Spuren,
gelebt und verweht,
seh' ich ihre Zukunft
aus Wünschen gewebt.

Im Blick nach zurück,
im Blick nach voraus,
seh' ich die Zeit
und träume hinaus,
mögen die Wolken
regnen mir Rosen,
mag mich der Wind
ganz zärtlich umkosen,
mag mich das Leben
umsorgen mit Licht,
mit Wärme und Liebe …

bis Abschied anbricht.

Kostbares Geschick

Jetzt, im Herbste meines Lebens
sieht so vieles anders aus,
voller Sehnsucht oft gestrandet,
reicht mir heut' ein warmes Haus.

Voll von Traum und Illusion
viele Sterne nie erreicht,
ist verheilt so manche Wunde,
sind die Schritte viel mehr leicht.

Lebet in mir nun der Friede,
jeder Tag ist neues Glück,
was ich vormals nannte Schicksal,
ist heut' kostbares Geschick.

Die letzten Lieder

Augen ohne Glanz,
das Haar so stumpf,
faltig deine Haut,
schmerzend alle Glieder.

Gedanken fliegen hin
zu alten Wegen,
dahingewehten Tagen,
vorbei, vorbei,
nie wieder.

So kündet dir die Zeit,
dein schwerer Atem,
den letzten Hauch,
den letzten Blick,
die letzten Lieder.

Ein Mensch

In eine Hülle von Haut
verpackt …
eine Seele.
In eine Form von Fleisch
gegossen …
ein Mensch.
Blicke, Worte, Gefühle
auf Zeit
in einer einzigartigen
Einmaligkeit.

Zeit der Liebe

Einen Zeitsprung ...

nur

blicken
meine Augen
in deine,

kometengleich
erschienen,
beglückt,
entschwunden,

und nichts
in der Hand,

doch alles
schon im Herzen.

Komm' näher ...

zu mir,
lass' dich umarmen,
verschenke dich
ganz
an mich.

Spür' doch,
wir werden
reicher
und reicher.

Andere Himmel

Grenzen gesprengt,
nie nah genug,
blutend vor Sehnsucht,
schwebend im Glück,
fliegen zu Sphären
in andere Himmel,
volltrunken der Liebe,
voll Süße der Lust.

Auf einmal …

stolpere
ich
über dich.

Du
kreuzt
meine Wege.

Auf einmal
jubelt
mein Herz,
denn

ich liebe.

Du und ich

Im Blau deiner Augen
bist du mir fern
und bist du mir nah.
Im Klang deiner Stimme
bist du mal fremd
und doch dabei wahr.

Im Du und im Ich
sind wir zusammen
ein tiefes Gemeinsam,
ein starkes Gefühl,
ein liebendes Paar.

Ein Kuss

Mehr
als nur nah.
Mehr
als Berührung.
Mehr
als nur Zärtlichkeit.

Mehr
als zu dir.
Mehr
als wir beide.
Mehr
als Verbundenheit.

Irgendetwas …

tief in mir drin,
ziehet mich stark,
ganz stark zu dir hin,
selbst wenn ich wollte,
es gibt kein Entrinnen,
es füllt Tag und Nacht
mit glühenden Sinnen.

Über …

Mauern
und Grenzen
hinweg,
eilt
meine Sehnsucht
zu dir
mit dem Wind.

Fange sie auf,
atme sie ein,
sei von
ihrer Größe
umschlungen.

Begehren

Alle
meine
Lippen
öffnen
sich

für dich.

Hautnah

Schrankenlos
wollen,
handeln,
begehren,
fühlen,
berühren,
Nähe vermehren.

Du in mir.

Zwei

Zwei …
sind mehr als zwei Beine.

Zwei …
sind mehr als nur Glück.

Zwei …
heißt nicht mehr alleine.

Zwei …
sind vom Himmel ein Stück.

Zeit im Krieg

New York, New York ...

Schwärzer die Nacht,
noch stiller die Stille,
Schrei des Entsetzens,
erschütterte Herzen.

Erstarrt diese Welt,
sprachlos die Worte,
verwundete Seelen
von maßlosen Schmerzen.

11.9.2001

Ground Zero

Dort schlägt der Hass
dem Herzen die Wunde,
verdunkelt den Tag,
erstickt seine Stunde.

Dort schaut die Sehnsucht
nach friedvoller Zeit
mit lauter Stimme
'gen Himmel und schreit.

Dort heilen die Narben
von Asche bedeckt,
darunter die Hoffnung
das Leben erweckt.

Darunter die Hoffnung
zieht ihre Kreise,
schenkt neue Farben
kraftvoll und leise.

11.9.2002

Stolpersteine

Ohne Kleider,
ohne Haar,
ohne Namen
entwürdigt vernichtet
von irriger Macht,
mahnen auf
ihren – unseren Wegen
Steine mit Namen
und haben
mein Herz,
meine Augen
zum Stolpern gebracht.

25.1.2008

Abschied

Wegen dem Leben

Wegen dem Leben ist's,
dass ich weine,
wegen dem ewigen
Kommen und Gehn',
wegen dem Sterben,
wegen dem Leiden,
erschüttert vom Sturm
unzähliger Wehn'.

Im Trauerkleid

Leben …
in grau,
in schwarz,
in Dunkelheit,
innen blutend,
stehende Zeit.

Leben …
versteckt,
verschlossen
im Trauerkleid,
leichteres Sein
unendlich weit.

Vergänglichkeit

Heute erstrahlt
und morgen verblüht,
lodernd gebrannt,
in Stille verglüht.

Lebendiges Leben
erloschen im Sterben,
verstummen, erkalten,
verwesen, verderben.

Alles vergänglich,
nichts hat Bestand,
fliegt doch dahin
wie flüchtiger Sand.

Für immer

Gewesen
Zu Ende
Vorbei
Endgültig
Für immer
Nie wieder

Auch ich
Auch du

Wir alle.

Endlichkeit

Alles
hat seine Zeit,
alles
seine Endlichkeit,
und
das Schwerste ist
zur rechten Zeit,
zu sagen dann,
ich bin bereit,
zu öffnen Herz
und Hände weit
für diese große

Endlichkeit.

Augenblicke und mehr

Du, meine Zeit

Du kostbares Gut,
du himmlische Gabe,
machst meine Seele
mal müde, mal munter.

Ich träume von dir
im Strom dieser Tage,
im Heute, im Jetzt
noch tausendfach bunter.

Augenblicke

Wie Himmelskometen
stürzen sie nieder,
berühren die Erde,
zerschlagen die Zeit,
reißen die Welt
aus all' ihren Träumen,
beenden den Strom
lautloser Eintönigkeit.

Tagein, tagaus

Die Stunden fließen
leise dahin,
nichts stört
die alltäglichen Tage,
der Wind, der bläst
keinen frischeren Sinn,
die Luft ist erfüllt
mit Pflicht und mit Plage,
und doch
diese Stunden
im Einerlei
sind kostbare Zeit,
ein Schatz auf der Waage.

Im Jetzt

Nicht im Gestern,
nicht im Morgen,
nicht in Traum und Phantasie,
nicht in Wünschen,
nicht in Sorgen,
nicht im Wann, im Wo, im Wie,
nein, im Jetzt,
im Augenblick,
in dem Moment,
ist die Zeit,
ist das Leben,
ist die Gegenwart
geschenkt.

Farben

In mir

In mir ist Himmel,
in mir ist Hölle,
in mir ist Freude
und drängende Wut.

In mir ist Lärm,
in mir ist Stille,
manche Enttäuschung,
aber auch Mut.

Leere

Leere ist
viel mehr als leer.

Leere ist
unendlich viel mehr.

Leere ist leise.

Leere ist laut.

Leere kriecht
mir unter die Haut.

Leere ist Ende
und auch Beginn.

Leere sucht
den tieferen Sinn.

Ohne Heimat

Mensch ohne Heimat
wie Stein ohne Boden,
wie leer, ohne Luft,
kein unten, kein oben.

Mensch ohne Heimat
wie Blick ohne Ziel,
wie Herz ohne Schlag,
nicht wenig, nicht viel.

Mensch ohne Heimat
wie Fall ohne Raum,
wie Ich ohne mich,
wie Blatt ohne Baum.

Einsamkeit

Scharfer Wind
schneidet tiefe Wunden
in mein Gesicht.

Rufe verhallen
im unendlichen Raum.

Keine Hand.
Keine Wärme.
Kein Licht.

Ach …,
fühlte ich doch
»allein«,
statt »einsam sein«.

Loslassen ...

den Blick,
der hungernd
nach Blicken fleht,
das Auge,
das drängt
nach wärmendem Licht,
den Mund,
der hoffend
vor Sehnsucht erbebt,
das Herz,
dessen Schlagen
am Suchen zerbricht.

Loslassen ...
sättigt,
wärmt,
tröstet.

Loslassen ...
heilt.

Hoffnung

In der Tiefe des Herzens
keimt eine Knospe,
zerberstet das Eis
und findet das Licht,
spüret die Kraft
und sehnt sich nach Freude,
drängt zu den Himmeln,
wo Leben aufbricht.

Etwas ...

mitten
in mir
ist
passiert,
hat Spuren
hinterlassen
in
meiner
Seelenmatrix.

Jetzt
bin ich
eine
andere.

Ein Augenblick ...

nur
zwischen gewesen
und gleich,
zwischen Leere
und Fülle
macht
unendlich
reich.

Ein Schritt

Ein Schritt
unüberwindbar.

Ein Schritt
so schwer.

Ein Schritt
getan.

Ein Schritt
viel mehr.

Leben beschwingt

Wachse …,
wachse …
und wachse hinaus.

Blühe …,
blühe …
und blühe dich aus.

Liebe …,
liebe …,
wenn lieben gelingt.

Lebe …,
ja, lebe …,
denn leben beschwingt.

Freudentänze

In mir schlägt es
Purzelbäume.

Singend dreh' ich mich
im Kreis.

Den Bauch gefüllt mit
Freudentänzen.

In meinem Herze schmilzt
das Eis.

Heimat

Verbunden
mit Stock und Stein,
mit Farben und Liedern,
vertraulich umarmt
von wärmendem Duft.

Verliebt in Gesichter,
die lieben, die nähren
mit Augen und Ohren
und zärtlichem Mund.

Verwurzelt
mit Tagen und Jahren
und ihren Momenten,
in Ruhe verankert
in seinem Wesen,
mit sich

unerschütterlich.

Zum Tagesende

Abendfrieden

Sonnenlicht versunken,
Wolken decken zu
den Lärm der Tagesstunden,
Seelen gehn' zur Ruh'.

Wind verstummt
im Dämmerschein,
Blätter stehen still,
Mondlicht leuchtet
klar und rein,
Luft ist voll Gefühl …

Zeit vollendet
süßem Traum ergeben,
müdes Herz, es ruht
im Abendfrieden,
so reich belohnt,
beschenkt
in diesem schweigenden
Moment.

Die Gedichte im Kapitel »Zeit im Krieg« sind bewusst mit einem Datum versehen, da sie genau an diesen Tagen aus dem Gefühl des Entsetzens, aber auch aus der niemals nachlassenden Hoffnung auf Frieden und Versöhnung entstanden sind.

Stolpersteine sind kleine in Messing gegossene Pflastersteine, die an deportierte und ermordete Opfer der NS-Zeit erinnern. Sie werden mit Namen versehen vor dem letzten Wohnort des Opfers ins Trottoir eingelassen. Die Autorin übernahm am 25.1.2008 die Patenschaft für einen solchen Stein. Unter dem Eindruck der bewegenden Reden zur Verlegung entstand das Gedicht »Stolpersteine«.